Impressum
Verlag: BABADADA GmbH, Nedderfeld 112 , 22529 Hamburg
Geschäftsführer / Verlagsleitung: Harald Hof
Druck: Books on Demand GmbH, In de Tarpen 42, 22848 Norderstedt

Imprint
Publisher: BABADADA GmbH, Nedderfeld 112 , 22529 Hamburg, Germany
Managing Director / Publishing direction: Harald Hof
Print: Books on Demand GmbH, In de Tarpen 42, 22848 Norderstedt

el colegio
škola

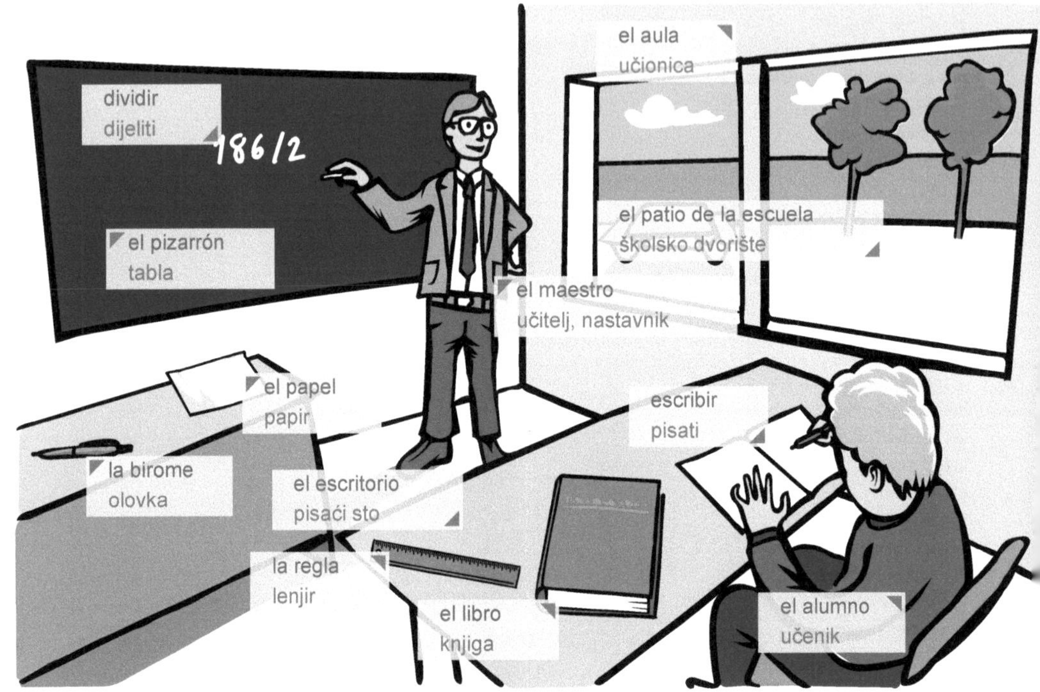

el aula
učionica
dividir
dijeliti
186/2
el patio de la escuela
školsko dvorište
el pizarrón
tabla
el maestro
učitelj, nastavnik
el papel
papir
escribir
pisati
la birome
olovka
el escritorio
pisaći sto
la regla
lenjir
el libro
knjiga
el alumno
učenik

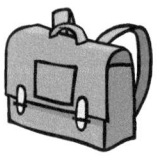

la mochila

torba

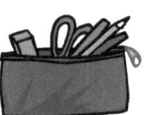

la caja de lápices

pernica

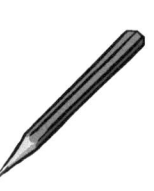

el lápiz

drvena olovka

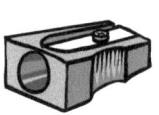

el sacapuntas

šiljalo za olovke

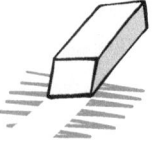

la goma (de borrar)

gumica

el bloc de dibujo

blok za crtanje

el dibujo

crtež

el pincel

kist

la caja de pinturas

kutija s bojama

la tijera

makaze

el pegamento

ljepilo

el cuaderno de ejercicios

vježbanka

la tarea

domaća zadaća

el número

broj

sumar

sabirati

restar

oduzimati

multiplicar

množiti

calcular

računati

la letra

slovo

el abecedario

abeceda

la palabra

riječ

el texto

tekst

leer

čitati

la tiza

kreda

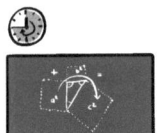

la lección

sat

el cuaderno de clase

školski dnevnik

el examen

ispit

el certificado

svjedočanstvo

el uniforme escolar

školska uniforma

la educación

izobrazba

la enciclopedia

leksikon

la universidad

univerzitet

el microscopio

mikroskop

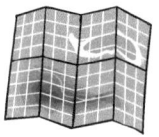

el mapa

karta

el tacho (de basura)

korpa za papir

el viaje
putovanje

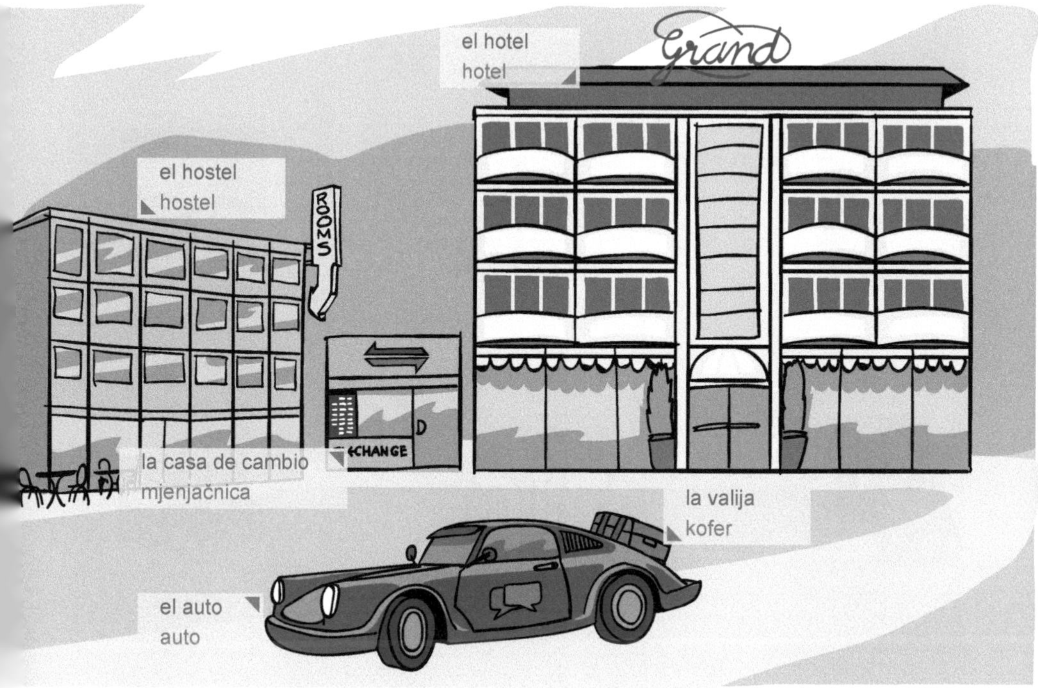
el hotel
hotel
Grand
el hostel
hostel
ROOMS
la casa de cambio
mjenjačnica
€CHANGE
la valija
kofer
el auto
auto

el idioma

jezik

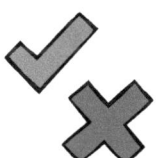

sí / no

da / ne

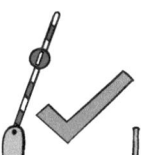

Está bien

okej

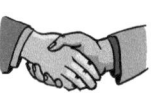

hola

zdravo

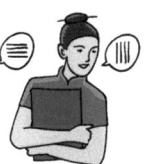

el traductor

tumač

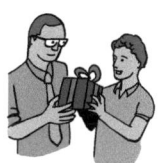

Gracias

hvala

¿cuánto cuesta…?

Koliko košta…?

No entiendo

Ne razumijem

el problema

problem

¡Buenas tardes!

dobro veče!

¡Buenos días!

Dobro jutro!

¡Buenas noches!

Laku noć!

el adiós

doviđenja

la dirección

smjer

el equipaje

prtljag

el bolso

torba

la mochila

ruksak

el invitado

gost

la habitación

soba

la bolsa de dormir

vreća za spavanje

la carpa

šator

la información turística

turističke informacije

la playa

plaža

la tarjeta de crédito

kreditna kartica

el desayuno

doručak

el almuerzo

ručak

la cena

večera

el pasaje

putna karta

el ascensor

lift

el sello

poštanska markica

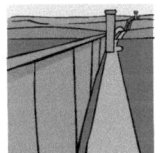

la frontera

granica

la aduana

carina

la embajada

ambasada

la visa

viza

el pasaporte

pasoš

el viaje - putovanje

el transporte
transport

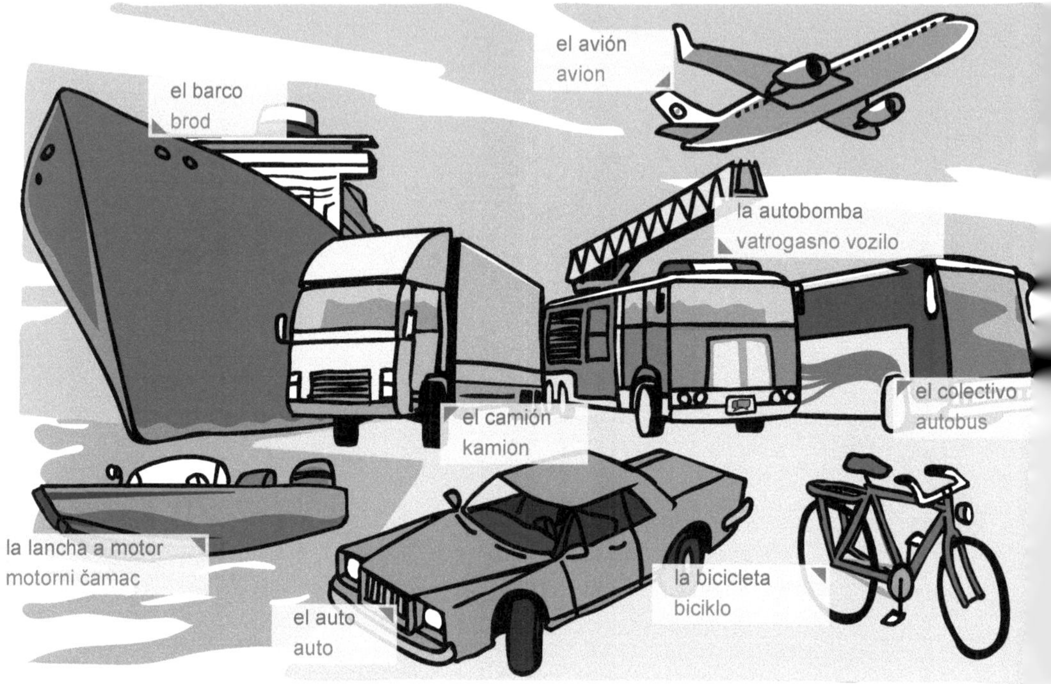
el avión
avion
el barco
brod
la autobomba
vatrogasno vozilo
el colectivo
autobus
el camión
kamion
la lancha a motor
motorni čamac
la bicicleta
biciklo
el auto
auto

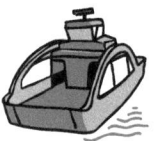

el ferry

trajekt

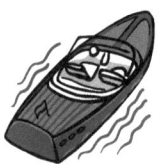

el bote

brod

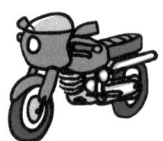

la moto

motocikl

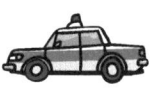

el patrullero

policijski automobil

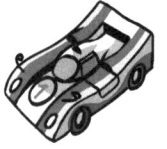

el auto de carreras

trkaći automobil

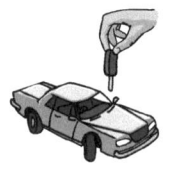

el auto de alquiler

unajmljeni automobil

el alquiler de autos

kar-šering

la grúa

pauk

el camión de la basura

smećarsko vozilo

el motor

motor

la nafta

gorivo

la estación de servicio

benzinska pumpa

la señal de tránsito

saobraćajni znak

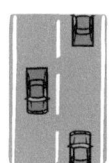

el tránsito

saobraćaj

el embotellamiento

zastoj

el estacionamiento

parking

la estación de tren

željeznička stanica

las vías

šine

el tren

voz

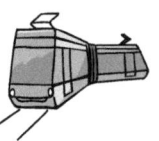

el tranvía

tramvaj

el vagón

vagon

el helicóptero

helikopter

el aeropuerto

aerodrom

la torre

toranj

el pasajero

putnik

el contenedor

kontejner

la caja de cartón

karton

la carretilla

tačke

la canasta

korpa

despegar / aterrizar

poletjeti / sletjeti

la ciudad

grad

el pueblo

selo

el centro de la ciudad

centar grada

la casa

kuća

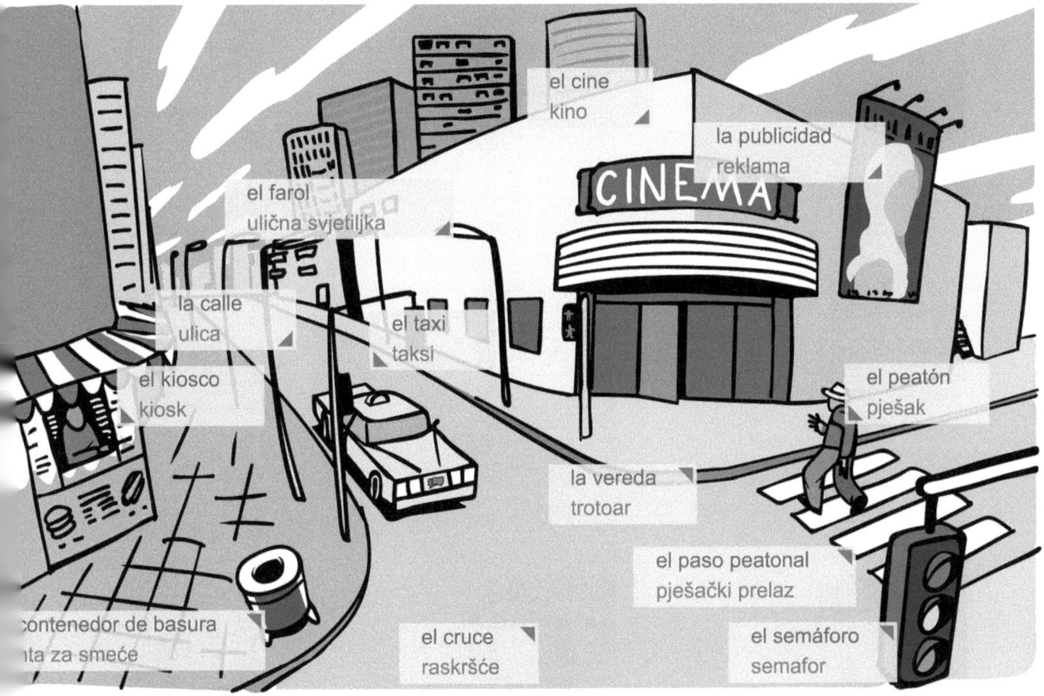

el cine
kino

la publicidad
reklama

el farol
ulična svjetiljka

CINEMA

la calle
ulica

el taxi
taksi

el peatón
pješak

el kiosco
kiosk

la vereda
trotoar

el paso peatonal
pješački prelaz

contenedor de basura
nta za smeće

el cruce
raskršće

el semáforo
semafor

la cabaña

koliba

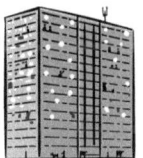

el departamento

stan

la estación de tren

željeznička stanica

la municipalidad

vjećnica

el museo

muzej

el colegio

škola

la ciudad - grad

la universidad

univerzitet

el banco

banka

el hospital

bolnica

el hotel

hotel

la farmacia

apoteka

la oficina

ured

la librería

knjižara

el negocio

radnja

la florería

cvjećara

el supermercado

supermarket

el mercado

pijaca

las grandes tiendas

robna kuća

la pescadería

prodavač ribe

el centro comercial

trgovački centar

el puerto

luka

el parque

park

el banco

klupa

el puente

most

las escaleras

stepenice

el subte

podzemna željeznica

el túnel

tunel

la parada del colectivo

autobuska stanica

el bar

bar

el restaurante

restoran

el buzón

poštanski sandučić

el letrero

saobraćajni znak

el parquímetro

sat za naplatu parkinga

el zoológico

zološki vrt

la pileta

bazen

la mezquita

džamija

la granja

seosko imanje

la contaminación

zagađenje okoline

el cementerio

groblje

la iglesia

crkva

los juegos infantiles

igralište

el templo

hram

el paisaje
krajolik

la hoja
list

el poste indicador
putokaz

el camino
putokaz

la pradera
livada

la piedra
kamen

el árbol
drvo

el excursionista
putnik

el río
rijeka

la hierba
trava

la flor
cvijet

el valle

dolina

la montaña

brdo

el lago

jezero

el bosque

šuma

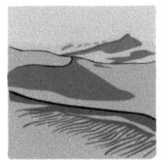

el desierto

pustinja

el volcán

vulkan

el castillo

dvorac

el arco iris

duga

el champiñón

gljiva

la palmera

palma

el mosquito

komarac

la mosca

muha

la hormiga

mrav

la abeja

pčela

la araña

pauk

el escarabajo

buba

la rana

žaba

la ardilla

vjeverica

el erizo

jež

la liebre

zec

la lechuza

sova

el pájaro

ptica

el cisne

labud

el jabalí

divlja svinja

el ciervo

jelen

el alce

los

la presa

brana

el aerogenerador

vjetrenjača

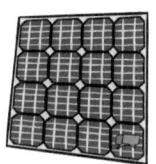

el panel solar

solarni modul

el clima

klima

el paisaje - krajolik

el restaurante
restoran

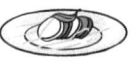

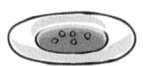

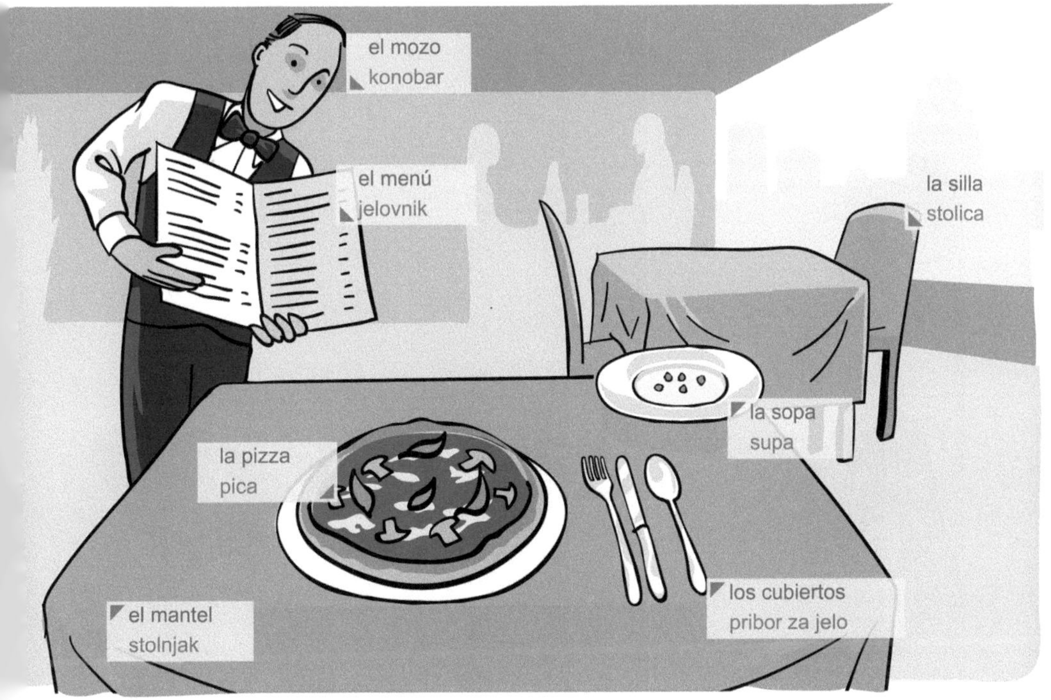
el mozo
konobar
el menú
jelovnik
la silla
stolica
la sopa
supa
la pizza
pica
los cubiertos
pribor za jelo
el mantel
stolnjak

la entrada
predjelo

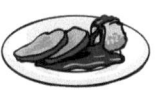

el plato principal
glavno jelo

el postre
desert

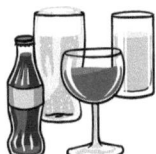

las bebidas
piće

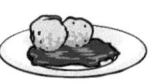

la comida
jelo

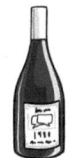

la botella
flaša

la comida rápida

brza hrana

la comida callejera

jelo sa ulice

la tetera

čajnik

la azucarera

šećernica

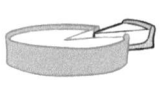

la porción

porcija

la cafetera expreso

mašina za espreso

la sillita alta

barska stolica

la cuenta

račun

la bandeja

tacna

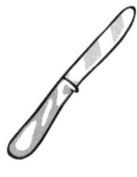

el cuchillo

nož

el tenedor

viljuška

la cuchara

kašika

la cucharita

kašičica

la servilleta

salveta

el vaso

čaša

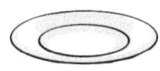

el plato

tanjir

el plato hondo

tanjir za supu

el plato

tanjurić

la salsa

sos

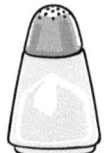

el salero

solanik

el molinillo de pimienta

mlin za biber

el vinagre

sirće

el aceite

ulje

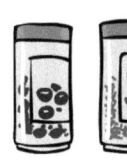

las especias

začini

el kétchup

kečap

la mostaza

senf

la mayonesa

majoneza

el supermercado
supermarket

la oferta especial
ponuda
FOR
el cliente
klijent
los lácteos
mliječni proizvodi
la fruta
voće
el changuito
kolica za kupovinu

BUTCHERS

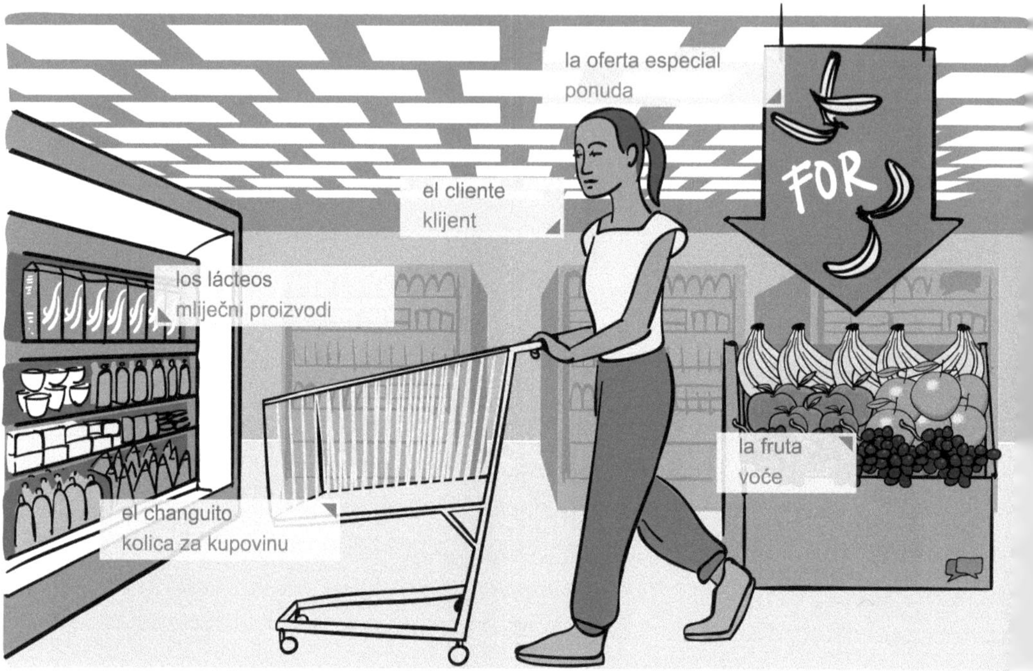

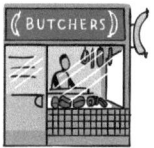

la carnicería

mesnica- klaonica

BAKERY

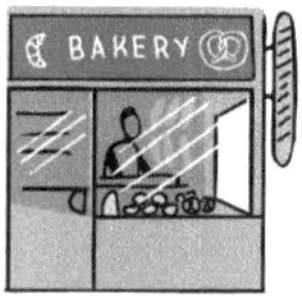

la panadería

pekara

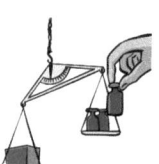

pesar

vagati

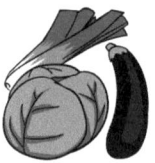

las verduras

povrće

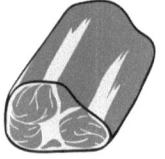

la carne

meso

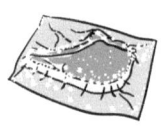

los alimentos congelados

zaleđena hrana

los fiambres

narezak

los alimentos enlatados

konzerve

el detergente en polvo

prašak za veš

las golosinas

slatkiši

los electrodomésticos

kućanski proizvodi

los productos de limpieza

sredstvo za čišćenje

la vendedora

prodavačica

la caja

kasa

el cajero

blagajnik

la lista de compras

lista za kupovinu

el horario de atención

radno vrijeme

la billetera

novčanik

la tarjeta de crédito

kreditna kartica

la cartera

torba

la bolsa de plástico

najlonska vrećica

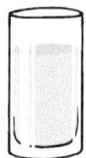

el agua

voda

el jugo

sok

la leche

mlijeko

la bebida cola

kola

el vino

vino

la cerveza

pivo

el alcohol

alkohol

el cacao

kakao

el té

čaj

el café

kafa

el café expreso

espreso

el cappuccino

kapućino

la banana

banana

la manzana

jabuka

la naranja

narandža

el melón

lubenica

el limón

limun

la zanahoria

mrkva

el ajo

bijeli luk

el bambú

bambus

la cebolla

crveni luk

el champiñón

gljiva

las nueces

orašasti plodovi

los fideos

pasta

los tallarines

špagete

el arroz

riža

la ensalada

salata

las papas fritas

pomfrit

las papas fritas

pečeni krompir

la pizza

pica

la hamburguesa

hamburger

el sándwich

sendvič

el churrasco

šnicla

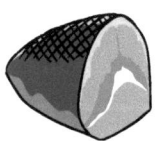

el jamón

šunka

el salame

kobasica

la salchicha

kobasica

el pollo

kokoš

el asado

pečenje

el pescado

riba

los copos de avena

zobene pahuljice

el muesli

muzli

los copos de maíz

kornfleks

la harina

brašno

la medialuna

kroason

el pancito

zemičke

el pan

kruh

la tostada

tost

las galletitas

keksi

la manteca

maslac

la cuajada

svježi sir

la torta

kolač

el huevo

jaje

el huevo frito

jaje na oko

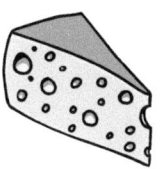

el queso

sir

el helado

sladoled

el azúcar

šećer

la miel

med

la mermelada

marmelada

la pasta de chocolate

nugat krema

el curry

kuri

la granja
seosko imanje

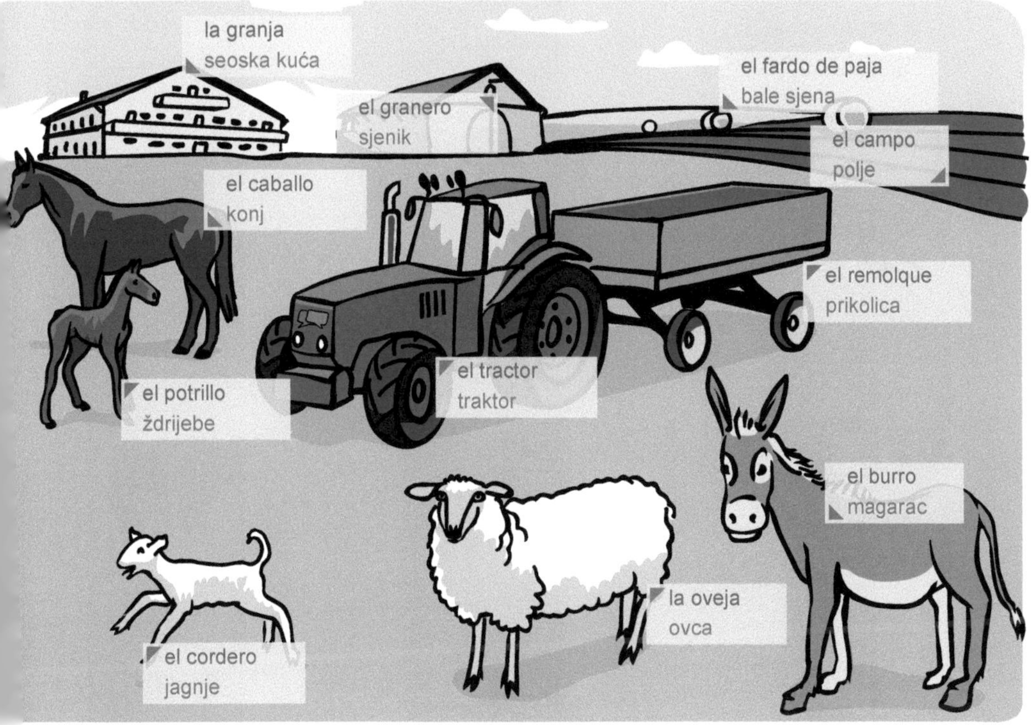
la granja
seoska kuća
el granero
sjenik
el fardo de paja
bale sjena
el campo
polje
el caballo
konj
el remolque
prikolica
el tractor
traktor
el potrillo
ždrijebe
el burro
magarac
la oveja
ovca
el cordero
jagnje

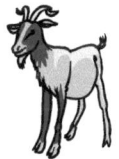

la cabra
koza

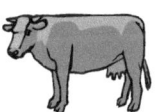

la vaca
krava

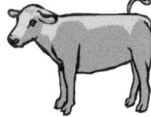

el ternero
tele

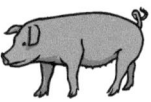

el cerdo
svinja

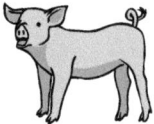

el lechón
prase

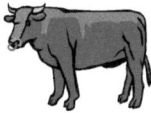

el toro
bik

el ganso
guska

el pato
patka

el pollo
pile

la gallina
kokoška

el gallo
pjetao

la rata
pacov

el gato
mačka

el ratón
miš

el buey
vol

el perro
pas

la cucha
pseća kućica

la manguera
crijevo za baštu

la regadera
kanta za zalijevanje

la guadaña
kosa

el arado
plug

la hoz

srp

la azada

motika

la horquilla

vile

el hacha

sjekira

la carretilla

tačke

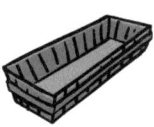

el abrevadero

korito

la lechera

bokal za mlijeko

la bolsa

vreća

la reja

ograda

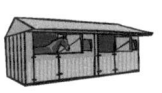

el establo

štala

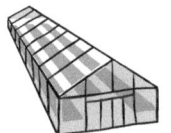

el invernadero

staklenik

el suelo

tlo

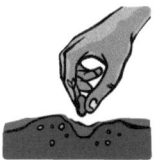

la semilla

sjeme

el fertilizador

đubrivo

la cosechadora

kombajn

cosechar

kositi

la cosecha

žetva

las batatas

jam korijen

el trigo

pšenica

la soja

soja

la papa

krompir

el maíz

kukuruz

la semilla de colza

uljana repica

el árbol frutal

drvo voća

la mandioca

manioka

los cereales

žito

la casa
kuća

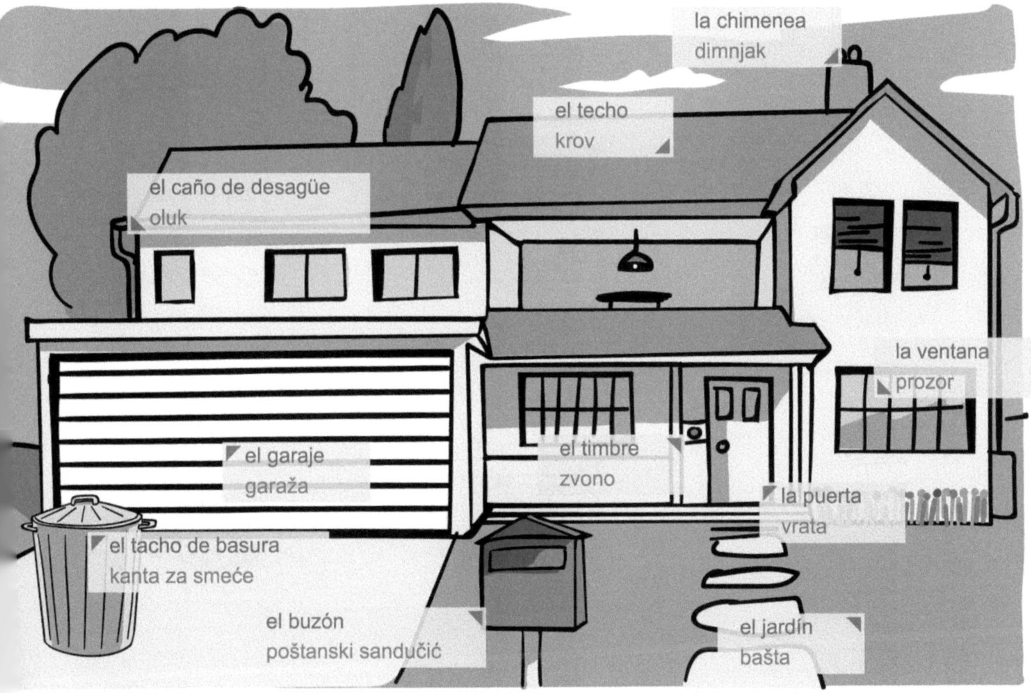
la chimenea
dimnjak
el techo
krov
el caño de desagüe
oluk
la ventana
prozor
el garaje
garaža
el timbre
zvono
la puerta
vrata
el tacho de basura
kanta za smeće
el buzón
poštanski sandučić
el jardín
bašta

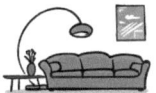

el living
dnevni boravak

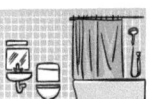

el baño
kupatilo

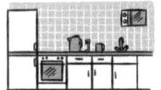

la cocina
kuhinja

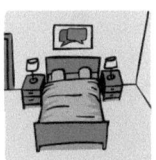

el dormitorio
spavaća soba

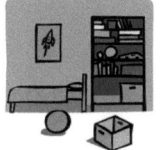

el cuarto de los chicos
dječija soba

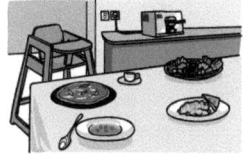

el comedor
trpezarija

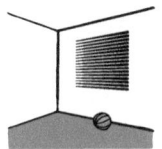

el piso

pod, tlo

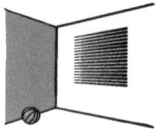

la pared

zid

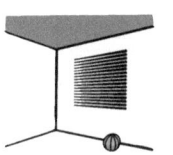

el cielorraso

plafon

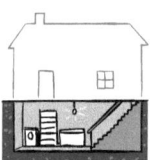

el sótano

podrum

el sauna

sauna

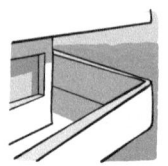

el balcón

balkon

la terraza

terasa

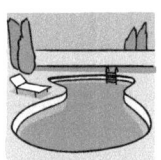

la pileta

bazen

la cortadora de pasto

kosilica

la sábana

posteljina

el acolchado

pokrivač

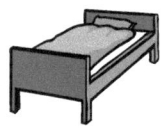

la cama

krevet

la escoba

metla

el balde

kanta

el interruptor

prekidač

el living
dnevni boravak

el empapelado
tapeta
la imagen
fotografija
la lámpara
lampa
el estante
polica
el armario
ormar
la televisión
televizija
la chimenea
dimnjak
la flor
cvijet
el almohadón
jastuk
el sofá
kauč
el florero
vaza
el control remoto
daljinski upravljač

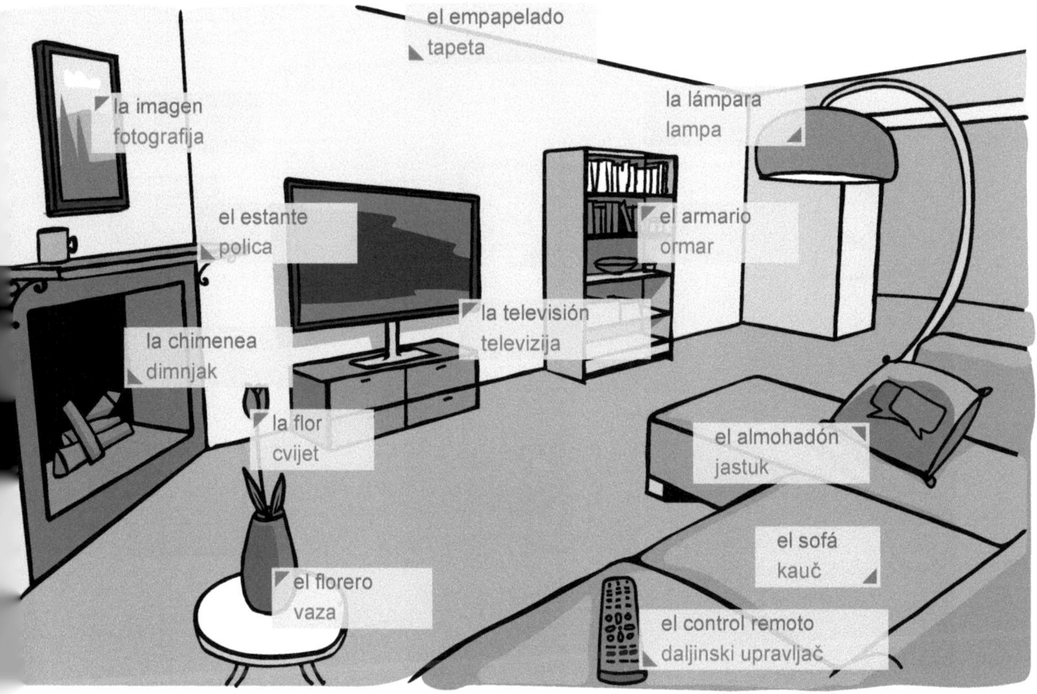

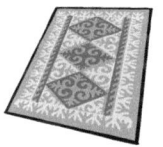

la alfombra

tepih

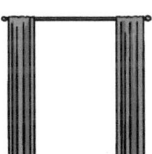

la cortina

zavjesa

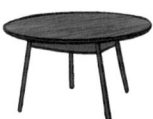

la mesa

stol

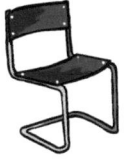

la silla

stolica

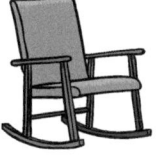

la mecedora

stolica za ljuljanje

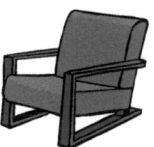

el sillón

fotelja

el libro

knjiga

la frazada

deka

la decoración

dekoracija

la leña

ložno drvo

la película

film

el equipo de música

stereo uređaj

la llave

ključ

el diario

novine

la pintura

umjetnička slika

el póster

poster

la radio

radio

el cuaderno

blok za bilješke

la aspiradora

usisavač

el cactus

kaktus

la vela

svijeća

la cocina
kuhinja

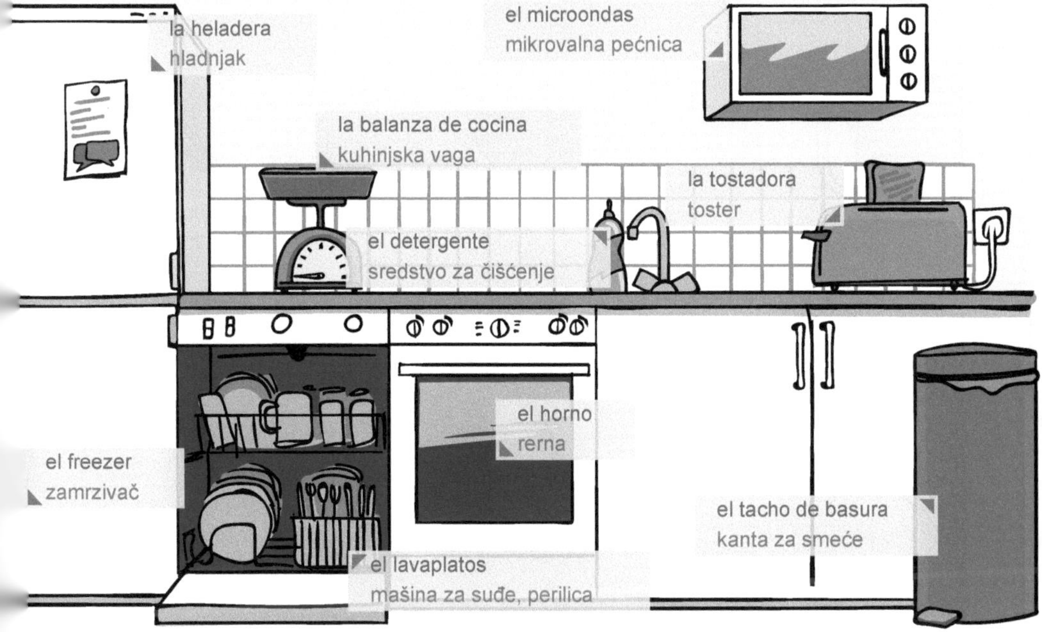

la heladera
hladnjak
el microondas
mikrovalna pećnica
la balanza de cocina
kuhinjska vaga
la tostadora
toster
el detergente
sredstvo za čišćenje
el horno
rerna
el freezer
zamrzivač
el tacho de basura
kanta za smeće
el lavaplatos
mašina za suđe, perilica

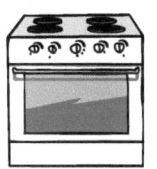

la cocina

peć

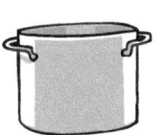

la olla

lonac

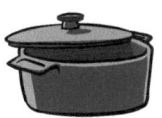

la olla de hierro fundido

metalni lonac

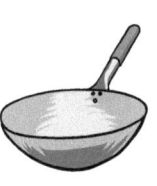

el wok

vok / kadai

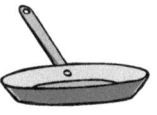

la sartén

tava, tiganj

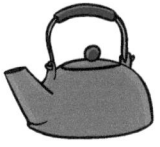

la pava

kuhalo

la vaporera

aparat za kuhanje na pari

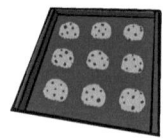

la bandeja de horno

lim za pečenje

la vajilla

posuđe

la taza

šalica

el bol

činija

los palitos

kineski štapići

el cucharón

kutlača

la espátula

lopatica

la batidora

metlica za snijeg bjelanjca

el colador

sito za kuhanje

el colador

sito

el rallador

ribež

el mortero

avan s tučkom

la parrilla

roštilj

la fogata

ložište

la tabla de picar

daska

el palo de amasar

oklagija

el sacacorchos

vadičep

la lata

konzerva

el abrelatas

otvarač za konzerve

la manopla

krpe za lonac

la pileta

sudoper

el cepillo

četka

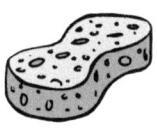

la esponja

spužva

la batidora

mikser

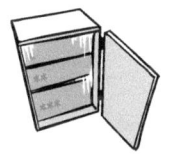

el congelador

zamrzivač

la mamadera

flašica za bebu

la canilla

slavina

la cocina - kuhinja

el baño
kupatilo

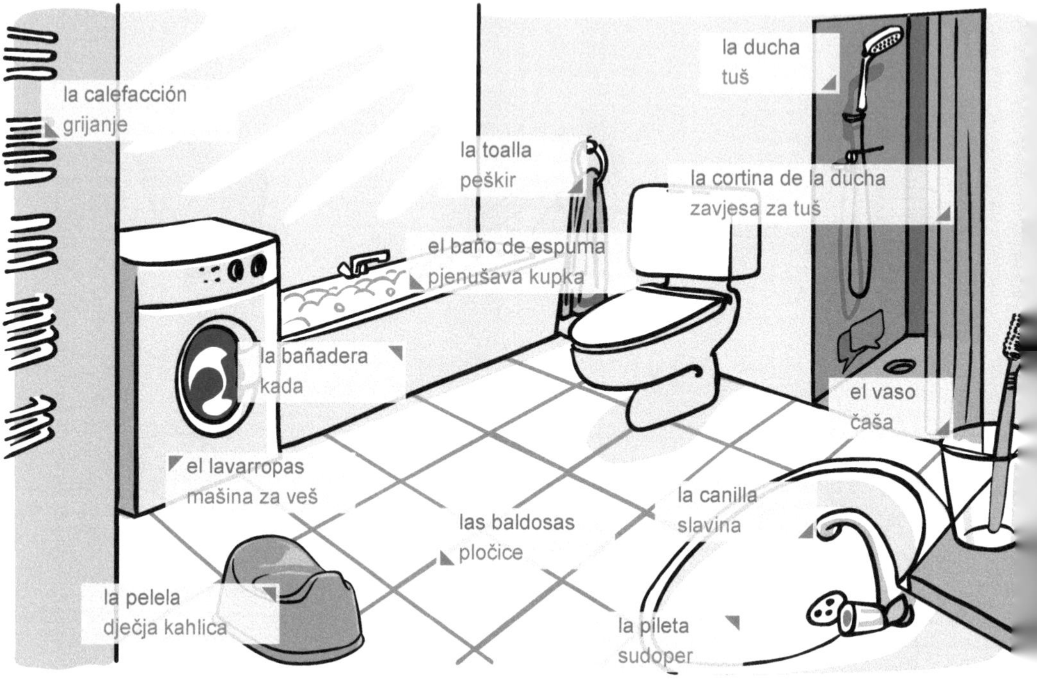

la calefacción
grijanje
la ducha
tuš
la toalla
peškir
la cortina de la ducha
zavjesa za tuš
el baño de espuma
pjenušava kupka
la bañadera
kada
el vaso
čaša
el lavarropas
mašina za veš
la canilla
slavina
las baldosas
pločice
la pelela
dječja kahlica
la pileta
sudoper

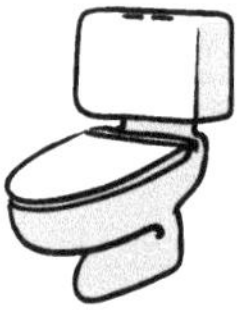

el inodoro

toalet

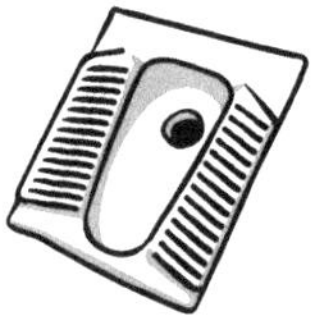

la letrina

čučavac

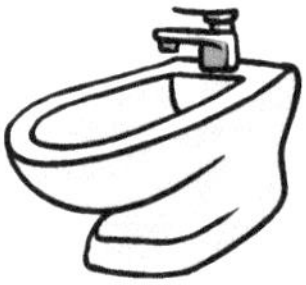

el bidé

bide

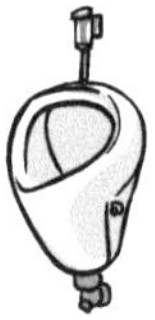

el mingitorio

pisoar

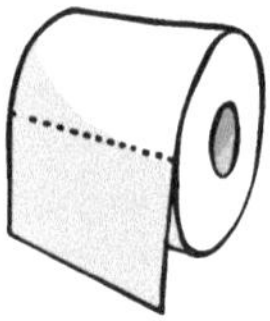

el papel higiénico

toalet papir

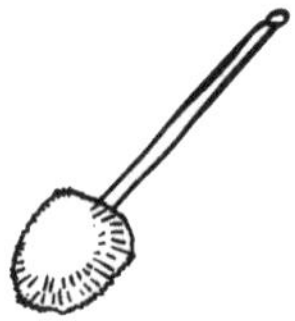

el cepillo para el inodoro

četka za wc

el cepillo de dientes

četkica za zube

el dentífrico

pasta za zube

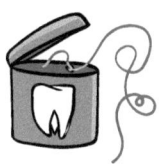

el hilo dental

zubni konac

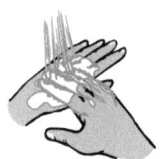

lavar

prati

la ducha de mano

tuš

la ducha higiénica

intimni tuš

la palangana

lavor

el cepillo para la espalda

četka za leđa

el jabón

sapun

el gel de ducha

gel za tuširanje

el shampoo

šampon

la toallita

krpe za pranje

el desagüe

odvod

la crema

krema

el desodorante

dezodorans

el baño - kupatilo

el espejo

ogledalo

el espejito

ogledalo za šminkanje

la maquinita de afeitar

brijač

la espuma de afeitar

pjena za brijanje

el aftershave

vodica poslije brijanja

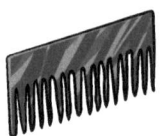

el peine

češalj

el cepillo

četka

el secador de pelo

fen

el spray

sprej za kosu

el maquillaje

puder

el lápiz de labios

karmin

el esmalte para uñas

lak za nokte

el algodón

vata

la tijera para uñas

makazice za nokte

el perfume

parfem

el portacosméticos

kozmetička torbica

la banqueta

hoklica

la balanza

vaga

la bata

kupaći ogrtač

los guantes de goma

rukavice za čišćenje

el tampón

tampon

la toallita femenina

uložak za dame

el baño químico

hemijski toalet

el baño - kupatilo

el cuarto de los chicos

dječija soba

el despertador
budilnik
el peluche
plišana igračka
el coche de juguete
auto za igru
el sonajero
zvečka
la casa de muñecas
kućica za lutke
el regalo
poklon

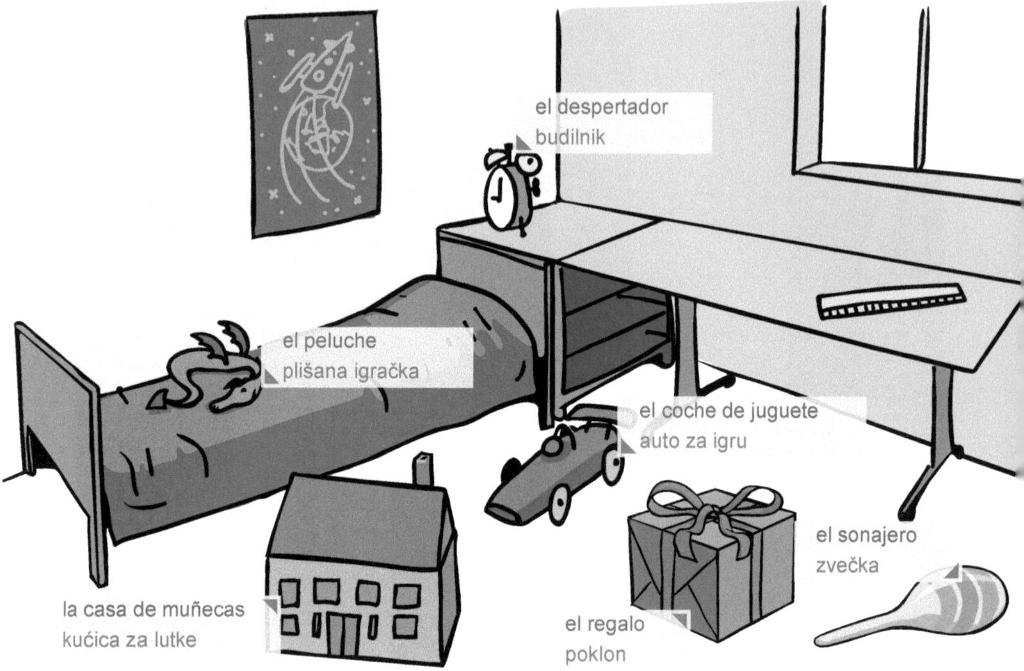

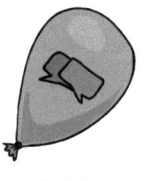

el globo

balon

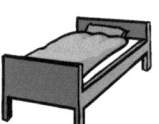

la cama

krevet

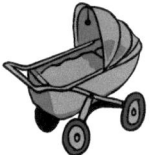

el cochecito

kolica za djecu

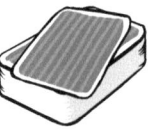

las cartas

karte za igranje

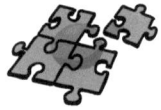

el rompecabezas

puzle

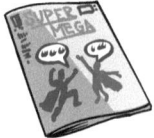

la historieta

strip

las piezas de lego

lego kockice

los ladrillos de juguete

kockice za gradnju

la figura de acción

akcione figure

el enterito (de bebé)

benkica

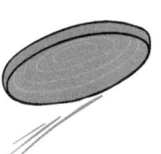

el frisbee

frizbi

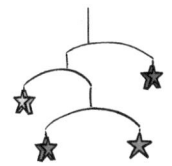

el móvil para bebés

mobile

el juego de mesa

igra na ploči

los dados

kocka

el tren eléctrico

miniatura željeznice

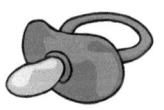

el chupete

cucla

la fiesta

zabava

el libro de cuentos ilustrado

slikovnica

la pelota

lopta

la muñeca

lutka

jugar

igrati

el arenero

pješćanik

la hamaca

ljuljačka

los juguetes

igračke

la consola de videojuegos

konzola za igru

el triciclo

triciklo

el osito de peluche

medvjedić

el armario

ormar

la ropa
odjeća

las medias

kratke čarape

las medias panty

čarape

las calzas

hulahopke

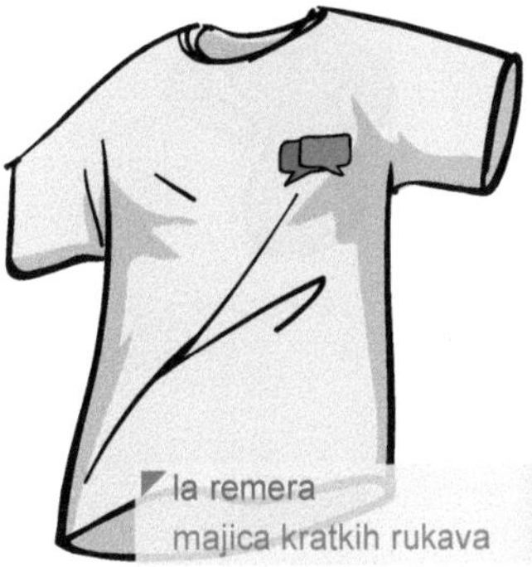

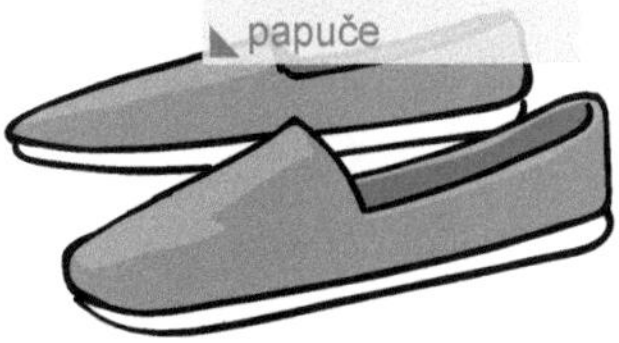

la bufanda
šal

el cinturón
kaiš

el paraguas
kišobran

la remera
majica kratkih rukava

las botas
čizme

las pantuflas
papuče

las zapatillas
patike

las sandalias
....
sandale

los zapatos
....
cipele

las botas de goma
....
gumene čizme

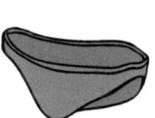

la ropa interior
....
gaće

el corpiño
....
grudnjak

el chaleco
....
potkošulja

el body
bodi

los pantalones
hlače

los jeans
farmerke

la pollera
suknja

la blusa
bluza

la camisa
košulja

el pulóver
džemper

el buzo
majica

el blazer
sako

la campera
jakna

el tapado
mantil

el piloto
kišni mantil

el traje
kostim

el vestido
haljina

el vestido de novia
vjenčanica

el traje

odijelo

el camisón

spavaćica

el pijama

pidžama

el sari

sari

el pañuelo para la cabeza

marama

el turbante

turban

la burka

burka

el caftán

kaftan

la abaya

abaja

el traje de baño

kupaći kostim

el short de baño

kupaće gaće

los shorts

kratke hlače

el jogging

trenerka

el delantal

pregača

los guantes

rukavice

el botón

dugme

los anteojos

naočare

la pulsera

narukvica

el collar

ogrlica

el anillo

prsten

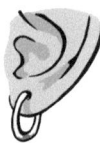

el aro

naušnica

la gorra

kapa

la percha

vješalica

el sombrero

šešir

la corbata

kravata

el cierre

patentni zatvarač

el casco

kaciga

los tiradores

tregeri za hlače

el uniforme escolar

školska uniforma

el uniforme

uniforma

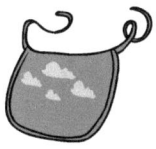

el babero
....
podbradak

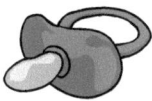

el chupete
....
cucla

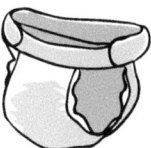

el pañal
....
pelene

la oficina
ured

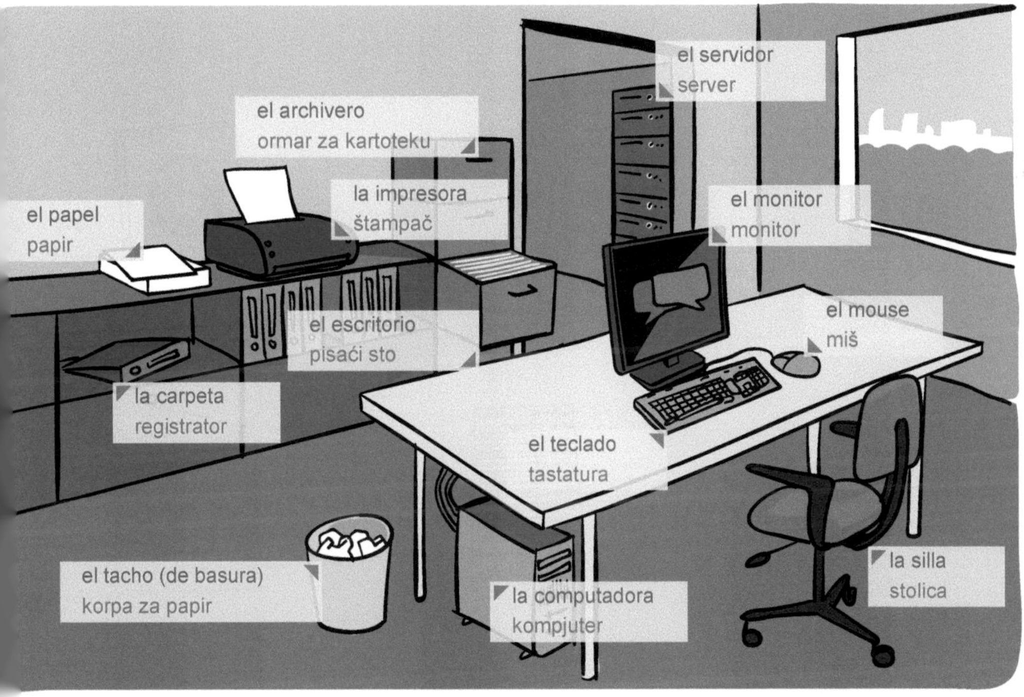
el servidor
server
el archivero
ormar za kartoteku
la impresora
štampač
el papel
papir
el monitor
monitor
el mouse
miš
el escritorio
pisaći sto
la carpeta
registrator
el teclado
tastatura
el tacho (de basura)
korpa za papir
la computadora
kompjuter
la silla
stolica

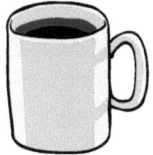

la taza de café
....
šolja za kafu

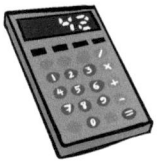

la calculadora
....
kalkulator

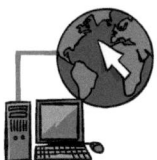

el internet
....
internet

la laptop

laptop

la carta

pismo

el mensaje

poruka

el celular

mobilni telefon

la red

mreža

la fotocopiadora

aparat za kopiranje

el software

softver

el teléfono

telefon

el tomacorriente

utičnica

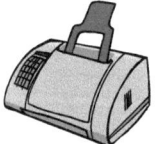

el fax

faks

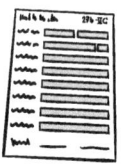

el formulario

formular

el documento

dokument

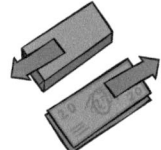

comprar
kupovati

pagar
platiti

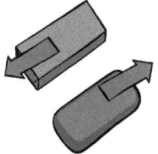

hacer negocios
trgovati

el dinero
novac

el dólar
dolar

el euro
euro

el yen
jen

el rublo
rublja

el franco suizo
franak

el yuan
renminbi jen

la rupia
rupi

el cajero automático
bankomat

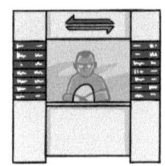

la casa de cambio

mjenjačnica

el oro

zlato

la plata

srebro

el petróleo

nafta

la energía

energija

el precio

cijena

el contrato

ugovor

el impuesto

porez

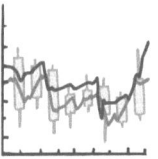

la acción

akcija

trabajar

raditi

el empleado

službenik

el empleador

poslodavac

la fábrica

fabrika

el negocio

radnja

las ocupaciones
zanimanja

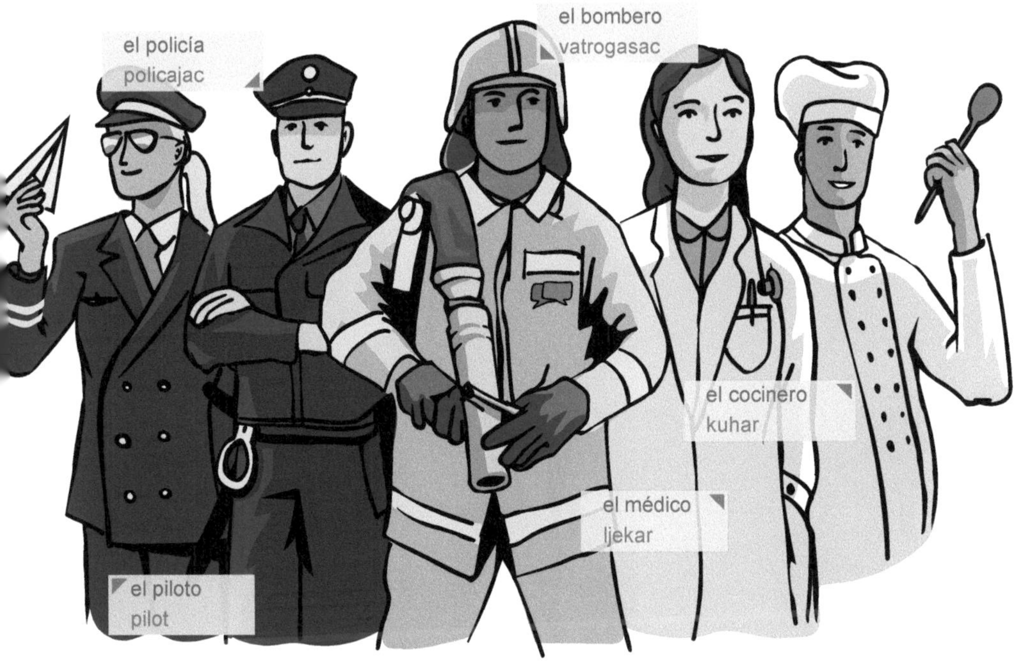
el policía
policajac
el bombero
vatrogasac
el cocinero
kuhar
el médico
ljekar
el piloto
pilot

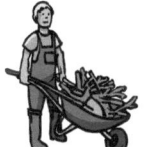

el jardinero

baštovan

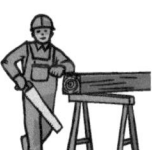

el carpintero

stolar

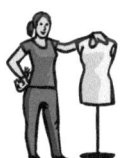

la modista

krojačica

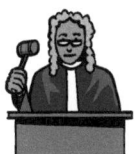

el juez

sudija

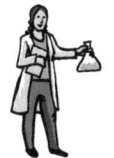

el farmacéutico

hemičar

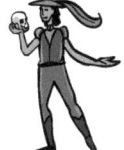

el actor

glumac

el colectivero

vozač autobusa

el taxista

vozač taksija

el pescador

ribar

la mucama

čistačica

el techista

krovopokrivač

el mozo

konobar

el cazador

lovac

el pintor

moler

el panadero

pekar

el electricista

električar

el albañil

građevinski radnik

el ingeniero

inženjer

el carnicero

koljač

el plomero

limar, vodoinstalater

el cartero

poštar

el soldado

vojnik

el arquitecto

arhitekta

el cajero

blagajnik

el florista

cvjećar

el peluquero

frizer

el cobrador

kontrolor

el mecánico

mehaničar

el capitán

kapiten

el dentista

zubar

el científico

naučnik

el rabino

rabin

el imán

imam

el monje

monah

el sacerdote

sveštenik

las ocupaciones - zanimanja

las herramientas
alat

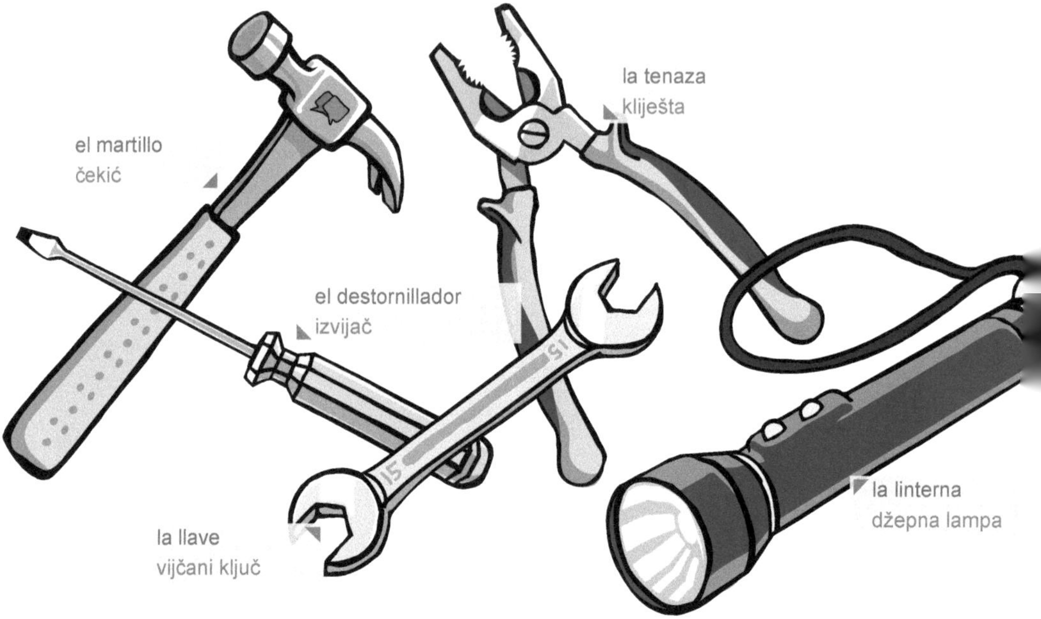
el martillo
čekić
la tenaza
kliješta
el destornillador
izvijač
la llave
vijčani ključ
la linterna
džepna lampa

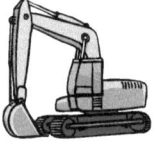

la excavadora
bager

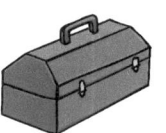

la caja de herramientas
kutija sa alatom

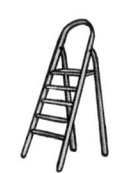

la escalera portátil
ljestve

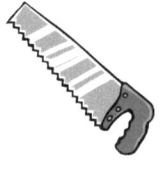

la sierra
testera, pila

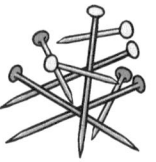

los clavos
ekser

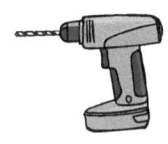

el taladro
bušilica

arreglar

popraviti

la pala de jardín

lopata

¡Qué bronca!

sranje!

la pala de plástico

lopatica

el tacho de pintura

kanta boje

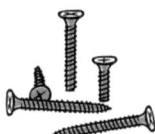

los tornillos

vijak

los instrumentos musicales
muzički instrumenti

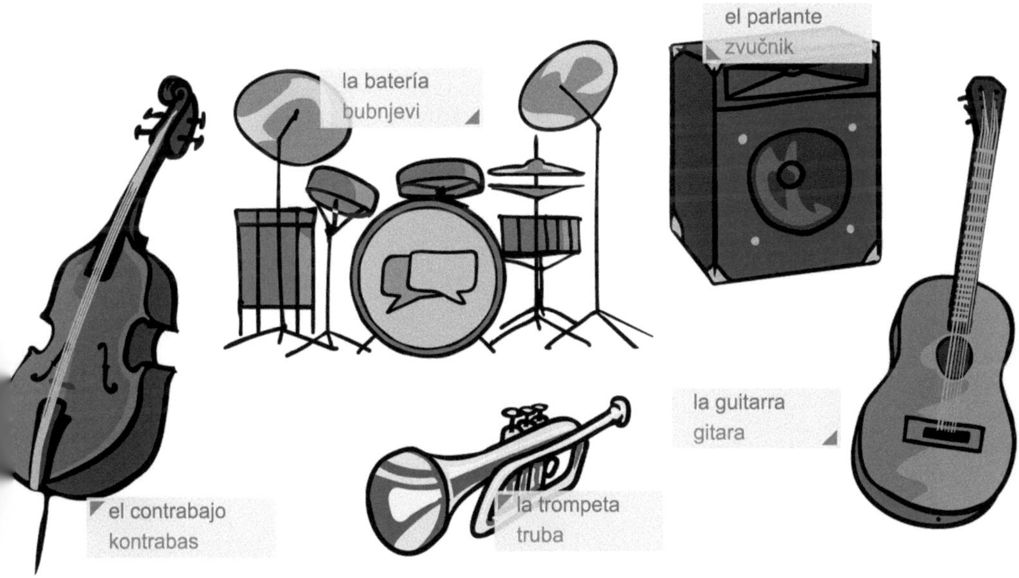

el parlante
zvučnik

la batería
bubnjevi

la guitarra
gitara

el contrabajo
kontrabas

la trompeta
truba

el piano

klavir

el violín

violina

el bajo

bas

los timbales

bubanj timpani

el tambor

bubanj

el teclado

sintisajzer

el saxofón

saksofon

la flauta

flauta

el micrófono

mikrofon

el zoológico
zološki vrt

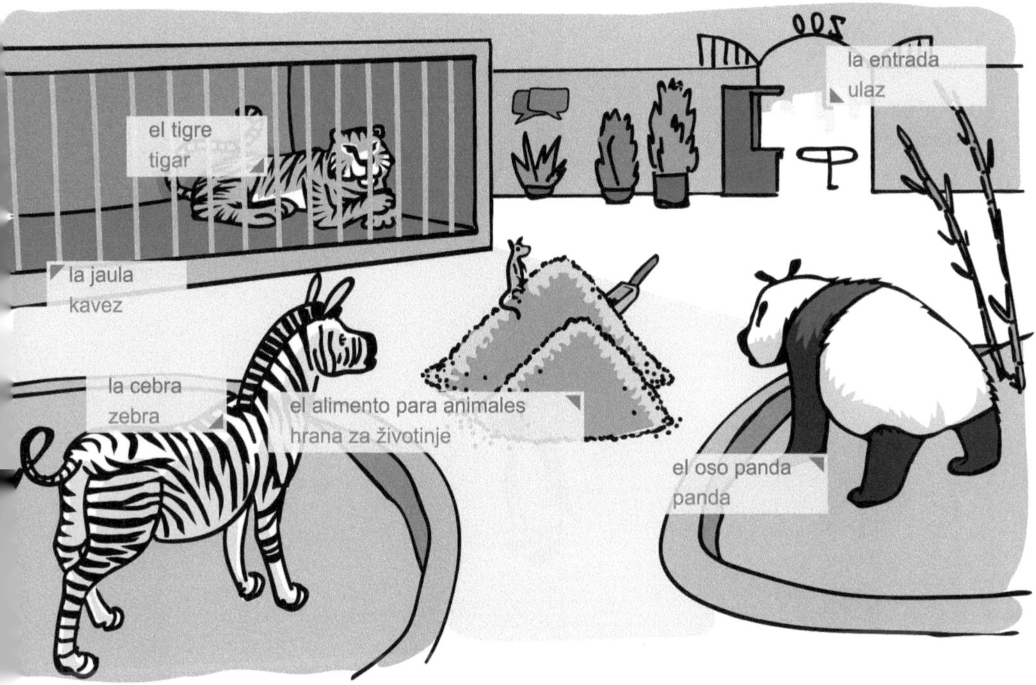

zoo
la entrada
ulaz
el tigre
tigar
la jaula
kavez
la cebra
zebra
el alimento para animales
hrana za životinje
el oso panda
panda

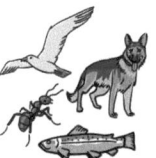

los animales

životinje

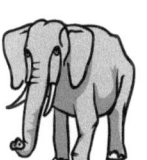

el elefante

slon

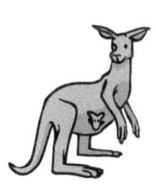

el canguro

kengur

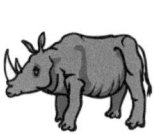

el rinoceronte

nosorog

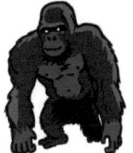

el gorila

gorila

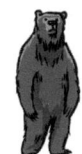

el oso

medvjed

el camello

kamila

el avestruz

noj

el león

lav

el mono

majmun

el flamenco

flamingo

el loro

papagaj

el oso polar

polarni medvjed

el pingüino

pingvin

el tiburón

morski pas

el pavo real

paun

la serpiente

zmija

el cocodrilo

krokodil

el cuidador del zoológico

čuvar u zološkom vrtu

la foca

tuljan

el jaguar

jaguar

el poni

poni

el leopardo

leopard

el hipopótamo

nilski konj

la jirafa

žirafa

el águila

orao

el jabalí

divlja svinja

el pescado

riba

la tortuga

kornjača

la morsa

morž

el zorro

lisica

la gacela

gazela

el fútbol americano
američki fudbal

el ciclismo
vožnja bicikla

el tenis
tenis

el básquet
košarka

la natación
plivanje

el boxeo
boks

el hockey sobre hielo
hokej na ledu

el fútbol
fudbal

el bádminton
bedminton

el atletismo
laka atletika

el handball
rukomet

el esquí
skijanje

el polo
polo

las actividades
aktivnosti

reír
smijati se
saltar
skakati
abrazar
zagrliti
caminar
ići
cantar
pjevati
soñar
sanjati
rezar
moliti
besar
ljubiti

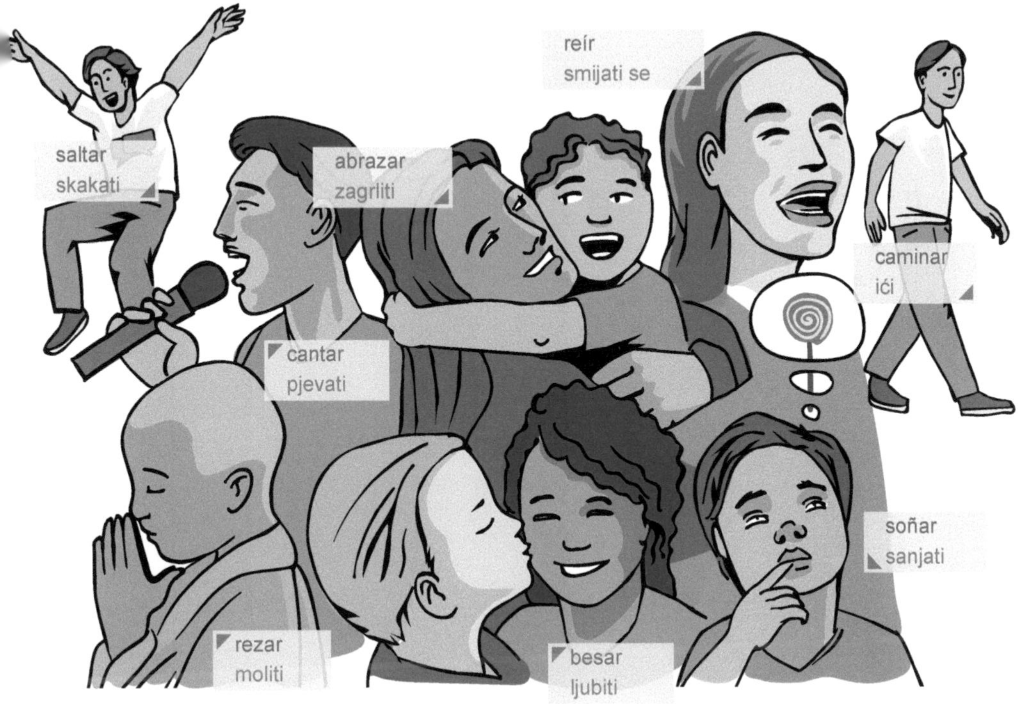

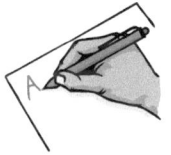

escribir
pisati

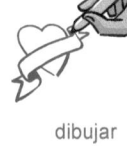

dibujar
crtati

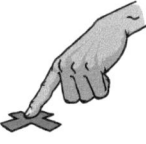

mostrar
pokazati

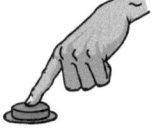

presionar
gurati

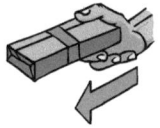

dar
dati

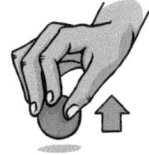

tomar
uzeti

tener

imati

hacer

raditi

ser

biti

estar parado

stajati

correr

trčati

tirar

vući

tirar

baciti

caer

pasti

estar acostado

ležati

esperar

čekati

llevar

nositi

estar sentado

sjediti

vestirse

obući

dormir

spavati

despertar

probuditi

mirar

pogledati

llorar

plakati

acariciar

milovati

peinar

češljati

hablar

govoriti

entender

razumjeti

preguntar

pitati

escuchar

slušati

beber

piti

comer

jesti

ordenar

pospremiti

amar

voljeti

cocinar

kuhati

manejar

voziti

volar

letjeti

navegar

jedriti

calcular

računati

leer

čitati

aprender

učiti

trabajar

raditi

casarse

vjenčavti

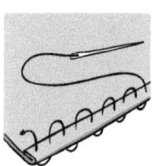

coser

šiti

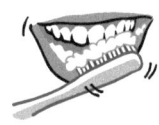

cepillarse los dientes

prati zube

matar

ubiti

fumar

pušiti

enviar

slati

la abuela
baka

el abuelo
djed

el padre
otac

la madre
majka

el bebé
beba

la hija
kćerka

el hijo
sin

el invitado
gost

la tía
ujna, tetka, strina

el tío
ujak, tetak, stric

el hermano
brat

la hermana
sestra

el cuerpo
tijelo

la frente
čelo
el ojo
oko
el hombro
leđa
el dedo
prst
la cara
lice
la pera
brada
la mano
ruka, šaka
el pecho
grudi
la pierna
noga
el brazo
ruka

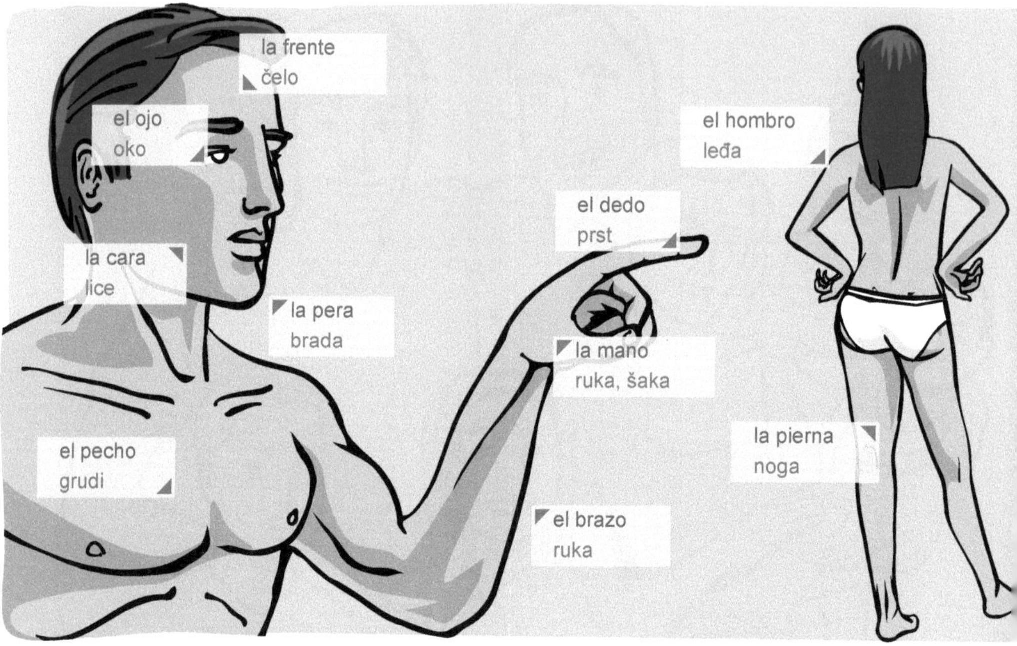

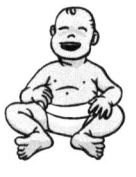

el bebé
beba

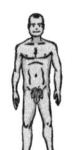

el hombre
muškarac

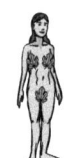

la mujer
žena

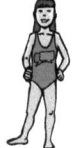

la nena
djevojčica

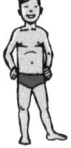

el nene
dječak

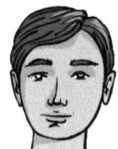

la cabeza
glava

la espalda

leđa

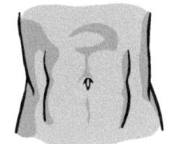

la panza

stomak

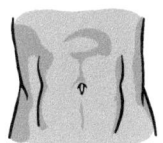

el ombligo

pupak

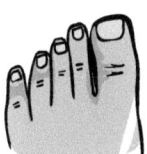

el dedo del pie

nožni prst

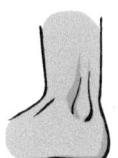

el talón

peta

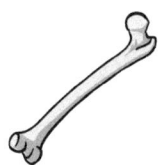

el hueso

kosti

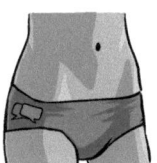

la cadera

kuk

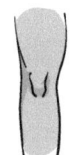

la rodilla

koljeno

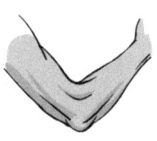

el codo

lakat

la nariz

nos

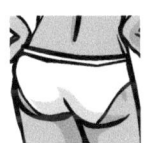

la cola

stražnjica

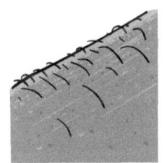

la piel

koža

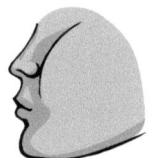

el cachete

obraz

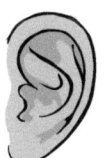

la oreja

uho

el labio

usna

la boca

usta

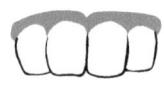

el diente

zub

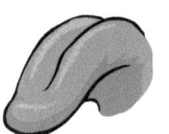

la lengua

jezik

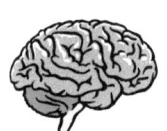

el cerebro

mozak

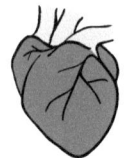

el corazón

srce

el músculo

mišić

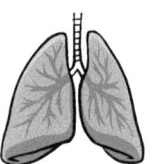

el pulmón

pluća

el hígado

jetra

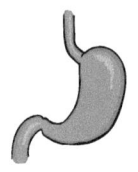

el estómago

želudac

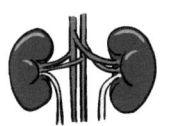

los riñones

bubreg

el sexo

spolni odnos

el preservativo

kondom

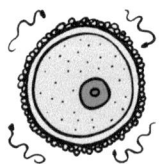

el óvulo

jajna ćelija

el semen

sperma

el embarazo

trudnoća

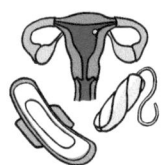

la menstruación
menstruacija

la vagina
vagina

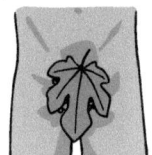

el pene
penis

la ceja
obrva

el pelo
kosa

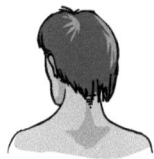

el cuello
vrat

el hospital
bolnica

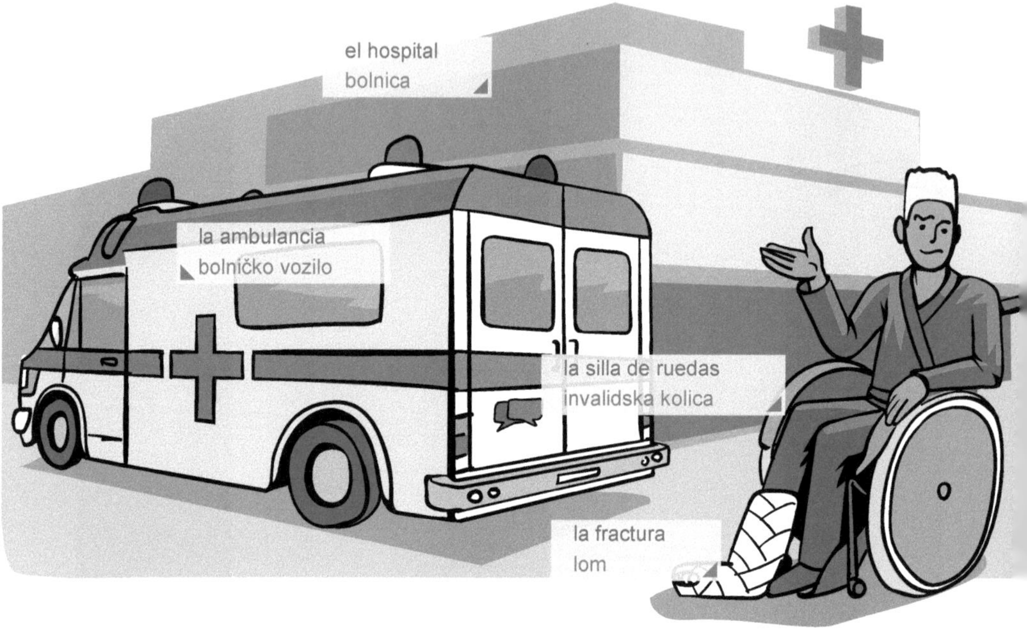

el hospital
bolnica
la ambulancia
bolničko vozilo
la silla de ruedas
invalidska kolica
la fractura
lom

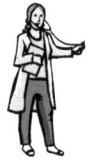

el médico

ljekar

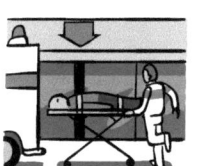

la sala de guardia

hitna služba

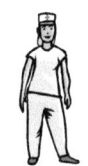

la enfermera

medicinska sestra

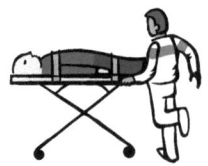

la emergencia

hitna pomoć

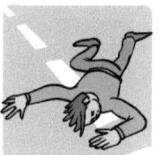

inconsciente

nesvjest

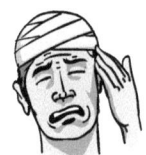

el dolor

bol

la lesión

povreda

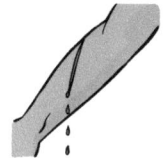

la hemorragia

krvarenje

el infarto

srčani udar, infarkt

el ACV

moždani udar

la alergia

alergija

la tos

kašalj

la fiebre

groznica

la gripe

gripa

la diarrea

proljev

el dolor de cabeza

glavobolja

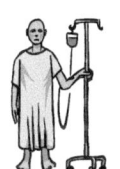

el cáncer

rak

la diabetes

dijabetes

el cirujano

hirurg

el bisturí

skalpel

la operación

operacija

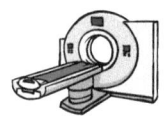

la TC
CT

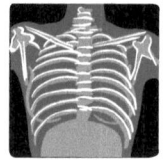

los rayos x
rendgen

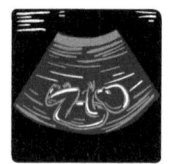

la ecografía
ultrazvuk

el barbijo
maska

la enfermedad
bolest

la sala de espera
čekaonica

la muleta
štake

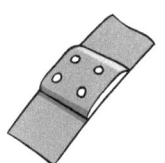

la curita
flaster

la venda
zavoj

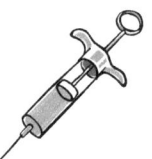

la inyección
injekcija

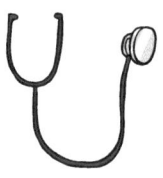

el estetoscopio
stetoskop

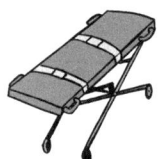

la camilla
nosilo

el termómetro
termometar

el nacimiento
porod

el sobrepeso
prekomjerna težina, debljina

el audífono

slušni aparat

el desinfectante

sredstvo za dezinfekciju

la infección

infekcija

el virus

virus

el VIH / SIDA

HIV/ AIDS

el remedio

medicina

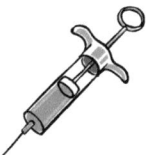

la vacunación

vakcinacija

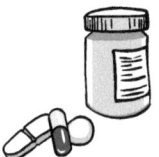

los comprimidos

tablete

la pastilla anticonceptiva

pilula

la llamada de emergencia

hitni poziv

el tensiómetro

aparat za mjerenje pritiska

enfermo / sano

bolestan / zdrav

¡Ayuda!

Upomoć!

la alarma

alarm

la agresión

napad, prepad

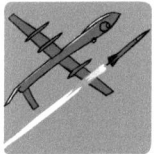

el ataque

napad

el peligro

opasnost

la salida de emergencia

izlaz u slučaju opasnosti

¡Fuego!

Požar!

el matafuego

vatrogasni aparat

el accidente

nezgoda

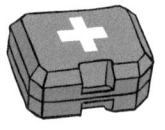

el botiquín de primeros auxilios

torba prve pomoći

el SOS

SOS

la policía

policija

Europa

Europa

América del Norte

Sjeverna Amerika

América del Sur

Južna Amerika

África

Afrika

Asia

Azija

Australia

Australija

el Atlántico

Atlantik

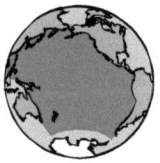

el Pacífico

Pacifik

el Océano Índico

Indijski okean

el Océano Antártico

Antarktički okean

el Océano Ártico

Arktički okean

el polo norte

Sjeverni pol

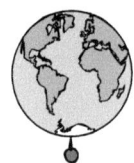

el polo sur

Južni pol

la Antártida

Antarktik

la Tierra

Zemlja

la tierra

zemlja

el mar

more

la isla

ostrvo

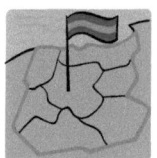

la nación

nacija

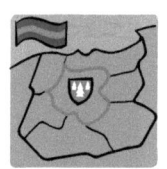

el estado

država

la esfera

brojčanik sata

la manecilla de las horas

kazaljka sata

el minutero

kazaljka minute

el segundero

kazaljka sekunde

¿Qué hora es?

Koliko je sati?

el día

dan

la hora

vrijeme

ahora

sada

el reloj digital

digitalni sat

el minuto

minuta

la hora

sat

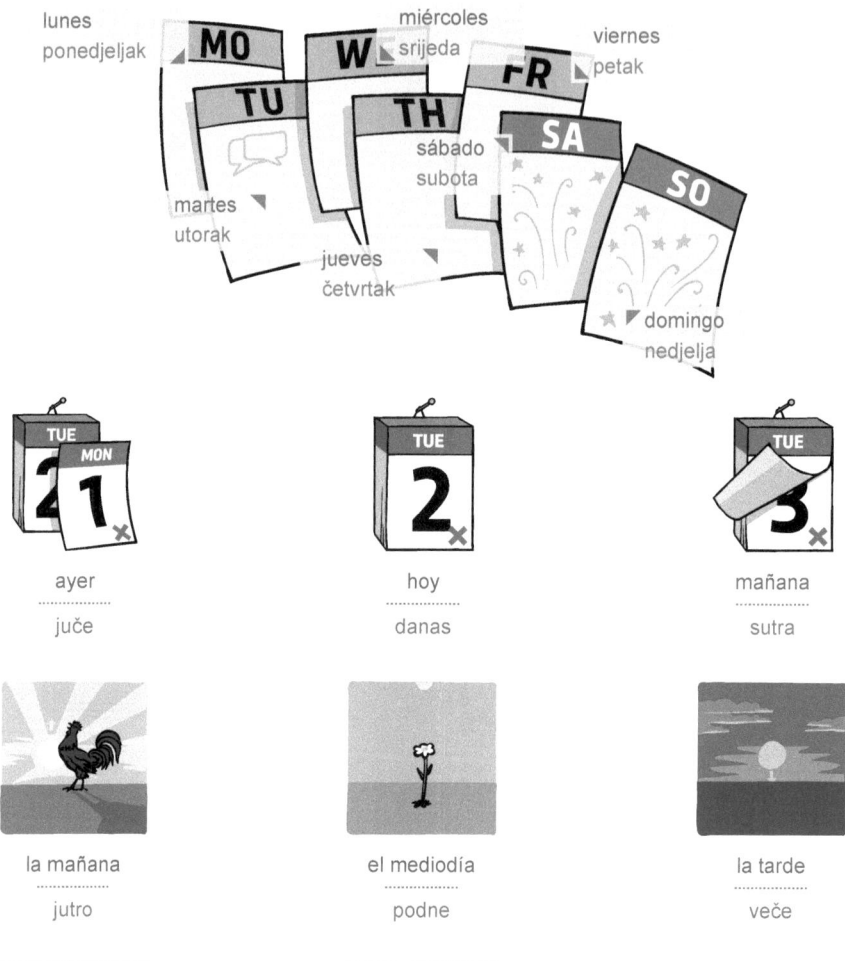

lunes
ponedjeljak

miércoles
srijeda

viernes
petak

martes
utorak

sábado
subota

jueves
četvrtak

domingo
nedjelja

ayer
juče

hoy
danas

mañana
sutra

la mañana
jutro

el mediodía
podne

la tarde
veče

los días hábiles
radni dani

el fin de semana
vikend

la lluvia
kiša

el arco iris
duga

la nieve
snijeg

el viento
vjetar

la primavera
proljeće

el verano
ljeto

el otoño
jesen

el invierno
zima

4.APRIL	11°	☀
5.APRIL	4°	⛅
6.APRIL	13°	⛅
7.APRIL	8°	☀
8.APRIL	10°	☀

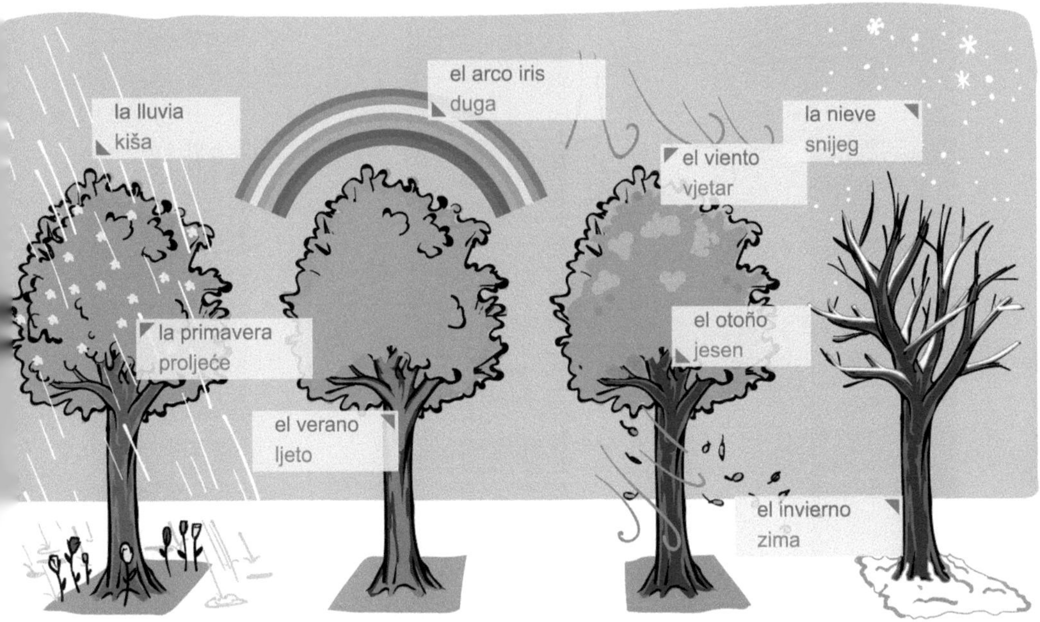

pronóstico meteorológico

prognoza vremena

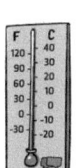

el termómetro

termometar

la luz del sol

sunčev sjaj

la nube

oblak

la niebla

magla

la humedad

vlažnost vazduha

el rayo

munja

el trueno

grom

la tormenta

oluja

el granizo

tuča, led

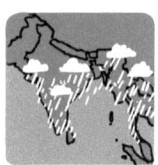

el monzón

monsun

la inundación

poplava

el hielo

led

enero

januar

febrero

februar

marzo

mart

abril

april

mayo

maj

junio

juni

julio

juli

agosto

avgust

septiembre

septembar

octubre

oktobar

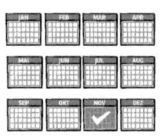

noviembre

novembar

diciembre

decembar

las formas
oblici

el círculo

krug

el cuadrado

kvadrat

el rectángulo

pravougao

el triángulo

trougao

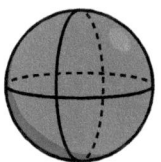

la esfera

kugla

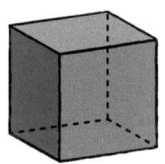

el cubo

kocka

blanco

bjel

amarillo

žut

naranja

narandžast

rosa

pink

rojo

crven

violeta

ljubičast

azul

plav

verde

zelen

marrón

smeđ

gris

siv

negro

crn

mucho / poco

malo / mnogo

enojado / tranquilo

ljutit / miran

lindo / feo

lijep / ružan

el principio / el fin

početak / kraj

grande / chico

veliki / mali

claro / oscuro

svijetlo / tamno

el hermano / la hermana

brat / sestra

limpio / sucio

čist / prljav

completo / incompleto

potpun / nepotpun

el día / la noche

dan / noć

muerto / vivo

mrtav / živ

ancho / angosto

široko / usko

comestible / no comestible

ukusno / neukusno

malo / amable

zao / prijatan

entusiasmado / aburrido

uzbuđen / dosadan

gordo / flaco

debeo / mršav

primero / último

najprije / najkasnije

el amigo / el enemigo

prijatelj / neprijatelj

lleno / vacío

pun / prazan

duro / blando

trvd / mekan

pesado / liviano

težak / lagan

el hambre / la sed

glad / žeđ

enfermo / sano

bolestan / zdrav

ilegal / legal

ilegalan / legalan

inteligente / estúpido

inteligentan / glup

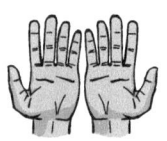

izquierda / derecha

lijevo / desno

cerca / lejos

blizu / daleko

nuevo / usado

nov / polovan

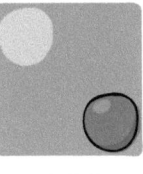

nada / algo

ništa / nešto

viejo / joven

star / mlad

encendido / apagado

uključeno / isključeno

abierto / cerrado

otvoreno / zatvoreno

silencioso / ruidoso

tiho / glasno

rico / pobre

bogat / siromašan

correcto / incorrecto

tačno / pogrešno

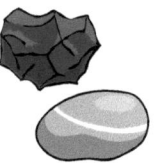

áspero / suave

hrapav / glatak

triste / contento

tužan / srećan

corto / largo

kratak / dug

lento / rápido

spor / brz

mojado / seco

mokro / suho

caliente / frío

toplo / hladno

guerra / paz

rat / mir

0

cero

nula

1

uno

jedan

2

dos

dva

3

tres

tri

4

cuatro

četiri

5

cinco

pet

6

seis

šest

7

siete

sedam

8

ocho

osam

9

nueve

devet

10

diez

deset

11

once

jedanaest

12	**13**	**14**
doce	trece	catorce
dvanaest	trinaest	četrnaest
15	**16**	**17**
quince	dieciséis	diecisiete
petnaest	šesnaest	sedamnaest
18	**19**	**20**
dieciocho	diecinueve	veinte
osamnaest	devetnaest	dvadeset
100	**1.000**	**1.000.000**
cien	mil	el millón
sto	hiljada	milion

los idiomas

jezici

el inglés

engleski

el inglés americano

američki engleski

el chino mandarín

kinesko mandarinski

el hindi

hindi

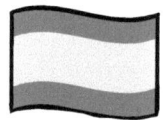

el español

španski

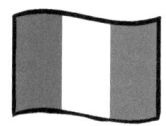

el francés

francuski

el árabe

arapski

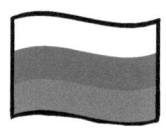

el ruso

ruski

el portugués

portugalski

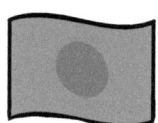

el bengalí

bengalski

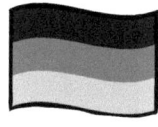

el alemán

njemački

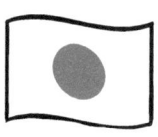

el japonés

japanski

yo

ja

vos

ti

él / ella

on / ona / ono

nosotros

mi

ustedes

vi

ellos

oni

¿quién?

ko?

¿qué?

šta?

¿cómo?

kako?

¿dónde?

gdje?

¿cuándo?

kada?

el nombre

ime

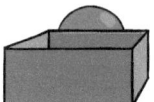

detrás

iza

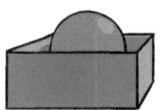

en

u

adelante de

pred

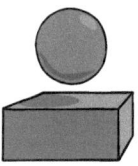

por encima de

iznad

sobre

na

debajo de

ispod

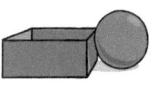

al lado de

pored

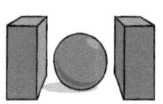

entre

između

el lugar

mjesto